AF562444

ESQUISSE

D'UN SYSTÈME

DE CIVILISATION

ET

DE COLONISATION

DE L'ALGÉRIE

PAR UN ÉTRANGER QUI A HABITÉ CE PAYS

ET QUI N'Y POSSÈDE RIEN.

PARIS

LEDOYEN, LIBRAIRE AU PALAIS-ROYAL

GALERIE D'ORLÉANS, 31.

1840

ESQUISSE

D'UN

SYSTÈME DE CIVILISATION

ET DE COLONISATION

DE L'ALGÉRIE.

Le vote des sommes considérables que les Chambres se verront dans la nécessité d'accorder pour les frais de la guerre en Afrique, amènera nécessairement encore une fois dans leur sein une discussion (et Dieu veuille qu'elle soit la dernière!) sur la question de la colonisation et du maintien de l'Algérie sous la domination de la France : question agitée depuis dix ans par tous les journaux, par une énorme quantité de brochures, enfin par les discussions renouvelées à chaque session des Chambres : question d'un côté combattue avec tant d'obstination et d'acharnement; d'un autre défendue avec le plus grand enthousiasme, et la foi la plus vive dans l'immense avenir de ce pays, partagés par quiconque a touché ce sol fertile et respiré sous ce beau climat.

Mais à mesure que les efforts des amis de l'Algérie se multiplient, que les chances de succès deviennent plus probables, les faits accomplis donnent tous les jours plus de prise aux adversaires de la colonisation. Et aujourd'hui que la masse de la nation française, qui s'associe par instinct à tout ce qui est grand et beau; que tous les intéressés, tous les amis de la colonisation n'osent plus concevoir le moindre doute sur la marche à suivre par le Gouvernement, afin de conserver la dominaton française de l'autre côté de la Méditerranée; aujourd'hui même, le parti contraire va s'élever plus menaçant que jamais, va faire entendre sa voix éclatante parmi les législateurs du pays, va dérouler l'affligeant tableau du passé, présenter sous un faux jour celui du présent, proférer de sinistres prophéties, et enfin, les mots de *civilisation*, de *libéralisme* et de *progrès* à la bouche, va présenter peut-être quelque projet qui ne manquerait pas, en définitive, de frustrer la France de tous les avantages commerciaux et politiques que la possession de l'Algérie devrait lui assurer bientôt. Disons mieux : le projet de cette nature ne manquerait pas de déverser les bénéfices à venir entre les mains des nations jalouses du développement de la prospérité et de la puissance françaises; nations qui savent mieux apprécier la possession de ce pays, et qui ne sont pas sûrement étrangères aux récents malheurs qui l'ont frappé, ainsi qu'aux sourdes menées et à l'opposition intéressée des ennemis de la colonisation, à en juger seulement par les déclarations du maréchal Clausel, qu'il n'a pas hésité de faire à la face du pays, soit à la tribune, soit dans les récits qu'il avait publiés à ce sujet.

Il est donc du devoir de tout ami des véritables intérêts de la France, de réfuter les arguments de ces hommes dont la voix est puissante, surtout par l'élévation du point duquel elle se fera entendre.

Ce n'est qu'en traçant une route plus certaine que celle qu'on a suivie jusqu'à présent pour la colonisation de l'Algérie, que l'on peut réfuter le grand nombre d'accusations justes et véritables aussi longtemps que le système de la colonisation resterait où il en est à présent.

Car c'est avec raison que peuvent demander les ennemis de la domination française en Algérie.

Après que la puissance d'Abd-el-Kader aura croulé sous les coups simultanés de la valeureuse armée animée par un juste esprit de ressentiment, et ceux d'un habile politique qui saurait profiter des discordes et des querelles qui ne manqueront pas d'éclater parmi les tribus depuis des siècles indépendantes et ennemies entre elles, et que l'émir n'a su dompter et réunir pour quelques instants, que grâce à l'incroyable incurie et à la plus inhabile politique des premiers gouverneurs généraux de l'Algérie (politique qui n'est explicable que par l'incertitude qui présidait à toutes les décisions ministérielles au sujet du maintien de ce pays sous la domination de la France); ces tribus, l'émir n'a su les lancer aujourd'hui contre nos établissements, qu'en stimulant, par son énergie personnelle, le fanatisme émoussé des populations arabes. Après donc (nous répétons toujours les paroles de nos adversaires), après que la puissance de l'émir aura été anéantie; que la France aura occupé par ses garnisons Médéa et Méliana, peut-être Mascara et Aïn-Madi; que nous aurons aucrifié des milliers de nos soldats et des millions puisés dans la bourse du peuple français, que ferons-nous alors de cet aride pays sur lequel, comme sur un terrain mouvant, nous ne saurons jamais poser tranquillement le pied? Est-ce pour le simple plaisir de dépenser nos millions? Est-ce pour l'honneur d'avoir un coin de terre de plus marqué sur la mappemonde aux couleurs de la France? Est-ce pour aguerrir les nouvelles générations de notre armée? Car ce n'est pas certainement pour les avantages politiques ou commerciaux douteux que nous aurions fait toutes ces démarches. En cas de guerre en Europe, l'Algérie serait un point vulnérable où l'intrigue et l'or sauraient vous susciter des ennemis dangereux, et peut-être une défaite humiliante; en cas de guerre maritime, un point de plus à garder qui vous obligerait à morceler vos forces navales, sans vous dédommager par une position assurée. Cependant, tous ces inconvénients disparaîtraient, sans doute, si vous pouviez donner à votre domination dans ce pays une assiette stable et vigoureuse; mais vous ne sauriez l'atteindre qu'en développant sa culture et sa civilisation. Or, comment y parviendrez-vous? Est-ce au moyen de la colonisation indigène? mais, tout ce qu'il y a d'hommes intéressés dans la question, ou remarquables par leurs connaissances (M. Blanqui), instruits qu'ils sont par l'expérience, tous s'accordent à soutenir l'impossibilité d'une pareille entreprise. Est-ce par le moyen de la colonisation européenne? Mais presque tous ces colons, qui furent attirés par les éloges exagérés de ce nouveau pays, et par leur foi dans la force de votre protection, furent moissonnés par le climat, par le fer de bandits arabes, ou ruinés par l'usure. Toutefois supposons que vous arriviez au point d'emmener de nouveau sur ce sol des milliers de familles européennes; que vous les garantissiez par le choix et la connaissance des lieux indiqués pour les établissements; par un juste système d'assainissement des effets désastreux des fièvres contagieuses et des exhalaisons de marais; par une surveillance active de la police, qui puisse les assurer contre les brigandages; par des institutions libérales, qui les préserveraient de l'usure. Mais alors même que feraient ces milliers de familles? sur quelle culture pourraient-elles baser leur avenir et celui de la prospérité du pays? Toutes les colonies du nouveau monde ont trouvé, dans la culture des produits naturels de cette nouvelle patrie, des bénéfices immenses, en les jetant avec sécurité et sans concurrence dans les ports de la mère-patrie; et toutes ces colonies furent gorgées d'or : en pourrez-vous faire autant en Algérie? Serait-ce le produit généralement cultivé depuis des siècles dans ce pays : les grains? Mais pourront-ils, même sur nos marchés, favorisés par les droits d'importation, soutenir la concurrence de ceux que les ports de la mer Noire et de l'Adriatique nous fournissent à un si bas prix [1], et dans des proportions toujours croissantes, sans compter que ces proportions ne feront que grandir par l'établissement de chemins de fer, et les encouragements donnés à la navigation des fleuves de la partie orientale de l'Europe?

Serait-ce le coton, dont les essais faits dans la partie la plus fertile de la Régence, dans la Mitidja, ont produit de si pâles résultats; dont la culture demande tant de bras (si chers en Alger), tant de frais et tant de soins, avant que d'arriver à une récolte douteuse? Et quand celle-là dépasserait même toutes les espérances des cultivateurs, dans sa qualité et sa quantité, pourra-t-il supporter la concurrence du coton d'Amérique, cultivé par les esclaves, et celui de l'Égypte, que le monopole du vice-roi peut livrer à si bon marché?

Voudriez-vous planter des cannes à sucre, pour ruiner décidément vos colonies d'outre-mer, ainsi que votre influence dans ces parties du monde, et donner le coup fatal à la malheureuse betterave, déjà si maltraitée?

Voudriez-vous cultiver le caféier, le thé, l'indigo, ou toute autre denrée coloniale? Bon : Supposons que la fertilité du sol et la beauté du climat vous permettent de le faire, et de réaliser ainsi vos espérances; combien de temps nécessiteraient de pareils essais? combien de mécomptes

[1] *Voyez* l'ouvrage de M. Montagne sur l'Algérie.

pour les cultivateurs de France et des autres parties de l'Europe, auxquels ce genre de culture est inconnu? combien de mauvaises chances pour les capitaux engagés dans cette spéculation? et même, dans le cas d'une merveilleuse réussite, le bénéfice attendu ne se ferait-il pas attendre trop longtemps pour la délirante avidité de notre génération? Et pensez-y encore : blé ou coton, canne à sucre ou thé, vers à soie ou caféier, que vous auriez choisi comme produit fondamental de la culture en Algérie, et, à l'abri duquel la culture de tous les autres produits devrait se développer à l'avenir, vous serez forcés d'accorder des avantages immenses à l'importation de ce produit en France, comme seule et suffisante garantie pour sa consommation, et de bénéfices réels pour la colonisation. Et comme cette colonisation ne saurait être faite à une petite échelle, car autrement elle ne posséderait pas assez de force, et ne pourrait fournir le point d'appui que la France a besoin de trouver en elle, pour dominer ce pays; et comme *la nature de cette colonisation, son but, ses moyens doivent être discutés et établis le plus tôt possible, pour être exécutés aussitôt que la puissance d'Abd-el-Kader aura été anéantie* (ce qui, selon la marche de choses, ne tardera pas à arriver), car vous savez que *les instants propices pour l'exécution de projets de quelque importance sont rares, et demandent* À ÊTRE PRIS AU VOL : or, pour la colonisation de l'Algérie, *la chute d'Abd-el-Kader sera, sans aucun doute, cet instant seul et unique.* Car vous pourrez faire avec les tribus, frappées de terreur par cette catastrophe, tout ce que vous jugerez nécessaire : ces tribus qui, dans l'avenir, soudoyées peut-être par l'étranger, pourraient de nouveau lever l'étendard de la révolte, plus formidable que jamais; car vous trouverez de la foi et de l'enthousiasme dans la population européenne, électrisée par le triomphe de vos armes : enthousiasme qui, au contraire, ne manquerait pas de tomber à la vue du peu d'énergie et de la lenteur de vos mesures ; car la paix intérieure et extérieure de la France peut vous servir de garantie pour l'exécution non interrompue, pendant quelques années au moins, de projets que vous formeriez définitivement pour la colonisation de ce pays. Alors hâtez-vous! hâtez-vous de coloniser, si vous le devez faire jamais. Car, nous le répétons, la chute d'Abd-el-Kader sera le seul et unique moyen favorable à la colonisation en Alger. Résumons-nous : si vous convenez de la nécessité de coloniser Alger au moment même de la chute d'Abd-el-Kader; si le but qui vous le commande exige qu'elle soit faite sur une échelle importante ; si la garantie du succès de cette colonisation repose sur le genre de monopole que vous auriez accordé à ses importations en France; ne voyez-vous pas que la colonie que vous voudriez instituer à ces conditions demande non-seulement que vous vous en occupiez immédiatement (c'est-à-dire que vous sacrifiez immédiatement des sommes immenses pour la mettre en marche), mais encore, qu'en privant chez vous les pays continentaux ou autres des débouchés que vous auriez uniquement réservés aux produits de l'Algérie, vous mettriez, par contre-coup, le blocus à vos produits industriels ou agricoles, qui fécondent maintenant les marchés étrangers. Cela mérite d'y songer à deux fois.

Tels sont les griefs qu'admettent avec raison les ennemis de la colonisation. Faudrait-il en conclure que la colonisation et le maintien de l'Algérie sous la domination française soient inadmissibles? Non. La colonisation européenne est non-seulement exécutable, mais elle peut profiter sous les conditions que je veux soumettre au jugement public. Et la colonisation, au moyen des indigènes, n'est pas seulement exécutable, mais indispensable; et je répondrai à tous ceux qui s'y opposent, qu'elle n'a été jusqu'à présent ni tentée ni comprise.

Cette observation pourrait être taxée de témérité, si je ne me proposais tout à l'heure de l'appuyer par des démonstrations malheureusement restreintes dans les dimensions de cet écrit, et par l'urgence de les présenter au public.

Civilisation des Indigènes.

Comment la civilisation et la culture de l'Algérie, au moyen des indigènes, a-t-elle été comprise et tentée jusqu'à présent? Ce n'est pas en influençant par des moyens justes et possibles à exécuter sur des masses entières, des tribus nomades qui couvrent tout le sol de la Régence, propriétaires insouciants, cultivateurs ignorants; non; mais en suivant un système, admirable il est vrai, mais qui ne peut être qualifié que de système de rapprochement de deux races : système de douceur, de justice, de protection et en même temps de fermeté, appliqué à de nombreux individus fournis par toutes les parties de la Régence, que l'espoir du gain avait retenus au jour de l'invasion française, et qui les a amenés dès lors en grand nombre dans la ville et le territoire d'Alger; système de facilité de l'échange des articles de commerce entre les indigènes et les Européens, en leur ouvrant, sans difficulté, le marché et la ville d'Alger, et en leur en établissant des nouveaux sur divers points de la plaine et du versant de l'Atlas. Ce système, qui portera indubitablement des fruits précieux dans l'avenir, ne peut produire aucun effet décisif, absolument nécessaire pour le maintien de la domination française dans ce pays.

Par ce système, on a pensé atteindre deux buts : l'un, celui de permettre aux Européens de devenir maîtres d'une grande partie de la Régence; ce qui n'était, d'ailleurs, que suivre la route tracée par l'avidité des spéculateurs et des chercheurs de fortune, dont la France a vomi des milliers dans ce pays; système qui, en définitive, se rencontre avec celui prêché par M. Blanqui, *d'expulser les indigènes la plume à la main;* l'autre, qu'on peut traiter de secondaire, celui d'amener la civilisation des indigènes par leur frottement avec les Européens. Les Français ont cru, gâtés qu'ils sont, à ce sujet, par l'Europe et le monde entier, que les Arabes ne manqueront pas d'abdiquer leurs propres coutumes, leurs mœurs, leur état social à la vue de coutumes, de mœurs et d'institutions françaises. Ils ont cru voir bientôt les Arabes vêtus en habits français, habitant des maisons bâties en briques, s'instruisant dans leurs écoles, lisant les journaux, et buvant le vin de France. Quant à ce dernier point, le succès a dépassé toutes les espérances; mais point d'instruction, dont les Arabes ne veulent pas comprendre la nécessité, vu que le Coran est, suivant eux, la source et le but de toute science humaine; point de maisons en briques, qu'ils voudraient cependant bien avoir sans se donner la peine de les bâtir; point d'amélioration de culture, parce que ce qu'ils retirent de leurs terres dépasse de beaucoup tous leurs besoins. Voilà quant à la masse des tributs.

Il en est de même de la classe nombreuse des indigènes employés par les Européens à la culture des terres ou autres travaux journaliers; de ce ramas de différentes peuplades du littoral et de l'intérieur de la Régence : ceux-là vivant parmi les Européens, sentant les bienfaits de la civilisation, auraient dû subir, plus facilement que la masse des Arabes, l'influence du système dont le but avait été la *francisation.* Cependant il en arrive autrement. Ils résident parmi les Européens aussi longtemps que leurs intérêts ou leurs besoins le réclament ; ils jouissent et approuvent les résultats d'un gouvernement civilisé; mais une fois hors de sa portée, ils redeviennent ce qu'ils ont été, et sous l'influence de la haine dont la source ne vient pas autant de *l'espèce de nationalité, ni du fanatisme religieux,* que de la racine invétérée des mœurs incultes, du caractère sauvage, du sang bouillant dans leurs veines, qui ne leur laisseront comprendre de longtemps encore d'autre instinct ni d'autre raisonnement que celui de la force. Certains de l'impunité qu'ils retrouvent dans le désert, ils emportent ordinairement, à côté de l'argent gagné par le travail honnête, une tête de chrétien, qu'ils ont l'espoir de convertir en argent chez un lieutenant d'Abd-el-Kader.

Je m'associe donc volontiers à l'opinion de tous ceux, et particulièrement à celle de M. Blanqui, qui blâment le système actuel de rapprochement avec les indigènes; mais, je le répète, si le système actuel de rapprochement est vicieux et inexécutable, il existe néanmoins un autre système de colonisation, non-seulement possible, mais je pense ne pas m'avancer beaucoup en disant facile à exécuter : car, ainsi que je l'ai remarqué plus haut, en inflençant ensemble et dans un instant propice toute la masse des tribus nomades, par des moyens applicables à la nature du sol, au caractère national, aux habitudes bonnes ou vicieuses; par des mesures enfin indiquées par les connaissances locales, sans se laisser retenir ni subjuguer par une opposition qui soulève sa voix dans la mère-patrie, toute ignorante qu'elle soit des besoins et de la nature du pays, auquel elle voudrait imposer sa loi ; sans se laisser égarer ni dérouter par les systèmes éclos au feu des passions politiques de l'Europe, mais qui ne peuvent ni ne doivent avoir aucune application dans un pays vierge, et qui, dans son développement, est forcé de suivre une ligne particulière.

Quand une nation conquérante ou un pouvoir quelconque veut venir à ses fins, pour atteindre des résultats commerciaux ou politiques, dictés par ses propres intérêts, d'accord avec ceux du pays conquis, son premier soin doit être d'établir sa domination au cœur même de la nation subjuguée, en liant à lui, par l'intérêt, une de ces parties, une de ces castes, et que toute peuplade inculte et barbare, quelle qu'elle soit, ne peut manquer de présenter sous des formes et des proportions qui lui sont propres.

La nation arabe, divisée en une infinité de tribus de différente force, en état d'hostilité et de guerre continuelles entre elles, a cela de remarquable, que malgré leur isolement partiel, chacune de ces fractions présente, dans sa constitution, les mêmes formes et repose sur le même principe; chacune présente, à peu de variations près, le pouvoir absolu entre les mains du scheïk, et obéissance aveugle de la part des sujets; un manque absolu de lois écrites, et un grand nombre d'usages servant de code traditionnel pour les chefs comme pour les sujets. C'est donc dans l'une de ces deux fractions, de scheïks ou de sujets, que le gouvernement français doit chercher un instrument de sa volonté et un levier de sa puissance.

Si la civilisation plus avancée, partant de la corruption des mœurs, avait fait, d'un côté, changer le pouvoir illimité, mais patriarcal, des scheïks en oppression et tyrannie; si, d'un autre, elle avait fait sentir aux oppressés le besoin de se soustraire à ce despotisme, et fait entrevoir les bienfaits des institutions libérales, alors la France n'aurait qu'à suivre le système généreux qui la gouverne aujourd'hui, et en protégeant le peuple contre les vexations et la tyrannie des chefs par des lois appuyées sur la force même de sa puissance, elle pourrait, par cette mesure et cette influence, établir sa domination dans le pays, et diriger sa culture et l'instruction morale du peuple conformément aux intérêts réciproques. Mais la domination des scheïks dans leurs tribus ne présente aucun des caractères mentionnés. Au contraire, dans le plus grand nombre des petites tribus, ils ne sont véritablement que chefs naturels d'une seule famille nombreuse, forte assez pour avoir pu se détacher, par des raisons de haine de familles ou d'ambition, de grandes et anciennes tribus; et l'origine de ceux-là avait été la même, mais ils s'étaient agrandis avec le temps ou par la jonction d'autres plus petites qui étaient venues chercher leur protection ou partager leur gloire. Ils sont régis par des familles distinctes, entourés d'une vénération presque religieuse, exerçant leur pouvoir avec si peu d'ostentation, avec une si grande justice, suivant des usages si anciens et si invariables, que cet état social présente, malgré les grands vices et les grands abus qui en découlent, des beautés et des charmes qui font presque hésiter celui qui, après les avoir vus de près, voit la nécessité absolue de lui faire substituer notre civilisation dorée sur tranche, comme condition essentielle du maintien de la domination française dans ce pays.

La France qui, comme nous l'avons vu, ne peut s'adresser directement aux masses d'indigènes pour introduire des réformes nécessaires, est donc forcée de choisir les chefs, les scheïks des tribus pour l'instrument de sa volonté, pour le levier de sa puissance. Elle peut atteindre ce but en développant le pouvoir de ses scheïks, en réglant par des lois, dont elle se porterait garant et exécutrice, les devoirs de leurs soumissionnés envers eux, en augmentant leurs richesses, en les entourant d'honneurs, d'ostentation auxquels les Arabes, comme tous les peuples d'Orient, sont si sensibles; enfin, en établissant à leurs avantages des droits, des priviléges en quelque sorte seigneuriaux, et tout cela, dans les formes propres au pays et au caractère national des Arabes, dans les proportions dictées par la justice et la prudence.

Ces mesures-là ne sauraient manquer d'attacher pour toujours les scheïks au gouvernement français; et au moyen de l'influence et du concours intéressé de ces scheïks d'un côté; de l'autre, par une grande sévérité, une force ouverte et une volonté inébranlable, au moyen des primes, des encouragements, des secours, des emprunts de la part du gouvernement français, on peut assurer qu'on parviendrait bientôt à fixer les diverses tribus au sol, à leur faire bâtir des villages, à faire le partage des terres entre les familles maintenant nomades, et leur en soumettre la culture, ainsi que l'éducation de leurs troupeaux et l'amélioration de la race des chevaux et des brebis, source d'une grande richesse pour ce pays.

La chute d'Abd-el-Kader et l'occupation militaire des points stratégiques des montagnes annonceront infailliblement la soumission de toutes les tribus. Des moyens prompts et énergiques peuvent accomplir le désarmement des plus hostiles ou des plus puissantes; et par ces mesures le Gouvernement se verra dans la possibilité de statuer à leur égard tout ce qui lui semblera bon. Néanmoins, toutes ces dispositions ne peuvent se développer sérieusement, prendre racine, et porter des fruits utiles qu'avec le concours, les conseils et le consentement des chefs des tribus et des marabouts.

Une pareille assemblée, convoquée dans les murs d'Alger, guidée dans son action par l'influence du gouvernement français, ne manquera pas de produire des résultats immenses qui peuvent dépasser tout ce qu'on s'en est promis.

Ce système, il n'en faut pas douter, changerait l'aspect du pays, développerait le commerce, donnerait des bénéfices immenses à l'industrie française; mais tous ces beaux résultats ne peuvent changer qu'au désavantage de la France, si la colonisation européenne ne venait pas à temps consolider définitivement sa puissance en Afrique.

Colonisation européenne.

En laissant aux adversaires de la domination française en Afrique énumérer leurs griefs et leurs opinions, je me suis associé pleinement à tout ce qu'ils ont avancé au sujet de la colonisation européenne, et je soutiens avec eux que mieux vaudrait l'abandon total de ce pays, que son occupation militaire telle qu'on l'a vue jusqu'à présent.

Je dirais encore avec eux que mieux vaut l'abandon total de ce pays, chose, en vérité, bien douloureuse et bien humiliante sans doute, qu'une colonisation européenne, telle qu'elle a été comprise jusqu'à présent, et qui alors, à cause de son but, à cause des conditions essentiellement nécessaires à son développement et à son succès, présente non-seulement dans son exécution de si grandes difficultés, des chances si inévitablement désastreuses, des frais tellement énormes, qu'elle ne peut être entreprise ni par les sociétés particulières, sans entraîner leur ruine complète, ni par l'État qui, sans cela, a déjà de si grandes charges à supporter, des devoirs à remplir envers un si grand nombre de localités souffrantes; enfin avec les immenses travaux impérieusement exigés par le commerce et l'industrie croissante dans toute la France ; mais encore que cette colonisation une fois accomplie devrait tellement menacer les intérêts vivaces d'autres nations puissantes, qu'elle peut provoquer non-seulement de tristes représailles, mais peut-être encore une guerre fatale aux intérêts des deux partis.

C'est donc avec une grande circonspection que j'ai cherché, parmi les articles d'une facile reproduction en Afrique, et d'un débit certain et avantageux en France, les produits dont la culture aurait pu servir de base à la colonisation européenne; et je me suis convaincu que l'éducation des troupeaux et la culture du tabac sont ceux qui répondent le mieux à toutes les conditions voulues, à tous les besoins des deux pays en question.

Jusqu'à présent encore, la Mitidja est regardée par les Européens comme la patrie prédestinée du cotonnier, de la canne à sucre, etc. ; mais, dans leurs tentatives, ils furent tous punis par la main de Dieu, qui veut sûrement, pour le bonheur des habitants de cette contrée, qu'elle reste telle qu'il l'avait créée : vallée destinée aux pasteurs. Aussi cette partie de la Régence, assainie par un système de canaux servant à l'avenir aussi d'arrosement, ombragée d'oliviers, de mûriers, d'une si belle végétation et d'une si grande utilité pour le pays, peut-elle devenir une source féconde de la richesse, peut-elle donner au moins trois à quatre récoltes de foin, et nourrir de nombreux troupeaux de bœufs, de moutons et de chevaux.

Il est une chose bien avérée, sur laquelle se sont arrêtés avec intérêt depuis longtemps tous les économistes : c'est la diminution de la race bovine en France; diminution qui ne peut que se faire sentir plus vivement avec le nombre toujours croissant des populations des grandes villes, de la prospérité et du bien-être des classes ouvrières et industrielles. Il est peut-être réservé à l'Algérie de couvrir ce déficit de la mère-patrie par le tribut de l'une des richesses de son climat.

En posant le pied sur le sol d'Afrique, les Français s'étaient attendus, sur la foi du pays et du nom arabe, à y trouver des chevaux si estimés en Europe sous ce nom, et des troupeaux de moutons d'une qualité excellente.

Les feuilles périodiques de cette époque n'avaient pas fait faute à toutes les prédictions de ce genre; la réalité a fait déchoir toutes les espérances. Au lieu de magnifiques chevaux arabes, ils ne trouvèrent qu'une race petite, maigre et chétive; au lieu de mérinos, des moutons à laine grossière. Et à l'instant même, tombant d'un excès dans l'autre, de l'enthousiasme ils passèrent au dédain, et à la complète insouciance de ces trésors qu'ils avaient sous la main : car cette race maigre et chétive de chevaux de Bédouins possède des beautés et des qualités réelles, que le connaisseur ne peut manquer d'apercevoir au premier coup d'œil; mais qui échappent au vulgaire, sous l'enveloppe grossière que le mauvais traitement, la saleté et l'insouciance des Arabes accumulent sur cette riche organisation, en les employant, dès l'âge de deux ans, aux plus rudes travaux, et en leur faisant porter des charges au-dessus de leurs forces; enfin, par l'agglomération des chevaux, dans les haras, avec les mulets et les ânes.

Les haras que le gouvernement français pourrait aisément établir pour son compte dans les trois provinces d'Alger, de Constantine et d'Oran, formés de cavales du pays, acquises au prix de quelques cent mille francs, et une imposition de ce genre perçue tous les ans sur les tribus, et des étalons de races venues de la Syrie, en nombre proportionné, pourraient sans aucun doute fournir trois ou quatre mille chevaux excellents par an, servant de remonte pour le service des officiers de toute arme, pour la cavalerie légère en France, et celle que l'occupation de l'Algérie nécessitera impérieusement d'y entretenir.

La seule objection plausible qui m'ait été faite à ce sujet, mais que je ne saurais admettre, convaincu que je suis du contraire, c'est que cette race de chevaux ayant une fois changé de climat perd une notable partie de ses qualités. Quelques malheureux essais avaient peut-être donné lieu à cette erreur; mais il est de fait que tous les pays du Nord possèdent une grande quantité de chevaux de prix, amenés du fond de l'Arabie asiatique, sans que ce changement de climat leur ait fait perdre la moindre part de leurs qualités; au contraire, les races croisées et les chevaux acclimatés n'en valent que mieux. Mais supposons que les chevaux de haras africains, quand même ils seraient régénérés par un bon entretien et le croisement de races, perdraient encore une partie de leurs qualités en France; ne vaudraient-ils pas encore mieux que les chevaux gros et lourds, qui font mal à voir, montés par les hussards et les lanciers. Et quant à l'objection que les chevaux d'une race plus fine ne sauraient supporter aussi bien la fatigue que ceux dont les dehors paraissent être faits plutôt à la vie dure et aux travaux pénibles, l'expérience de tous les temps, et notamment celle des dernières expéditions en Afrique, en démontrent le peu de fondement. En supposant encore que les chevaux de la race africaine soient inadmissibles dans la remonte française, le Gouvernement n'aura-t-il pas besoin d'entretenir toujours au moins dix mille hommes de cavalerie dans la régence d'Alger, pour couvrir de ses colonnes mobiles, et entretenir efficacement la police sur l'énorme étendue de pays comprise entre la mer et les déserts, entre les frontières de Tunis, et celles de Maroc? Pour satisfaire à ce besoin, faudrait-il donc toujours s'adresser au marché de Tunis, comme on l'a fait jusqu'aujourd'hui?

Quant aux moutons, c'est une erreur grave que l'idée répandue par certains publicistes qui ont traité la question d'Alger, qui soutiennent l'impossibilité de l'amélioration de la race de brebis dans ce pays, à cause, prétendent-ils, que seulement dans les pays froids la nature a voulu garantir cette bête des rigueurs du climat, en la dotant d'une laine fine et touffue; mais que, dans les pays chauds, comme l'Afrique, la laine grosse et rare répond, au contraire, aux besoins de l'animal ainsi qu'à la nature du sol. Je le répète, c'est une erreur palpable, qui ne saurait contenter que des hommes qui n'ont jamais consulté l'expérience sur les théories qu'ils avancent si légèrement.

La Saxe, l'Allemagne et la Pologne, qu'ils citent pour appuyer leur théorie, possèdent des brebis de race originaire dans leur pays, qui ont une laine rare, grossière et tombant en flocons, à côté desquelles celles de l'Algérie seraient regardées comme une race améliorée. Et si, dans ces pays septentrionaux, il se trouve maintenant des moutons à laine fine, on ne les doit qu'aux soins qu'on avait prodigués pour leur entretien, qu'au choix de leur nourriture; enfin au croisement de races avec ceux du Midi, particulièrement avec ceux d'Espagne et de Hongrie. Il est donc évidemment faux que le climat de l'Algérie s'oppose à l'amélioration de la race de ses moutons : il peut et doit, au contraire, faciliter les moyens pour produire les résultats les plus désirés : il ne faut pour cela que des soins qui jusqu'à présent ont manqué totalement sous ce rapport.

Pas une des trois branches citées de l'industrie d'Alger

n'avait reçu du gouvernement français encouragement ni protection. Les mesures propres à les relever, sont : 1° l'établissement d'une commission spéciale agricole, qui déciderait sur les lieux-mêmes des mesures à prendre en commun, et qui veillerait à leur exécution ; 2° l'assainissement et l'irrigation des plaines, exécutés en commun par le gouverneur et les propriétaires au moyen de remboursements partiels; 3° la libre entrée à l'importation du bétail et de la laine provenant d'Alger, dans les ports de France. Ce projet ne manquera pas d'attirer sur lui l'opposition des colons européens maintenant établis à Alger; possédant des terres dans la plaine de la Mitidja, non pas dans l'intention de les cultiver, mais pour en trafiquer, et pour les convertir en valeurs susceptibles d'agiot, et que la colonisation peut seule leur donner : intention immorale et pernicieuse à laquelle l'exécution du projet que je soumets mettrait fin à jamais.

Voilà quant à la culture de la plaine de Mitidja et des environs d'Oran; mais les trois branches d'industrie agricole que nous venons de citer ne sauraient suffire aux besoins de toute la régence d'Alger, dont l'étendue, la différence de sol et de climat présentent de grandes variations. Il y a des plaines immenses qui furent couvertes, du temps des Romains, par une culture riche et féconde, et qui maintenant nues et dépouillées, ne présentent à l'œil (pour nous servir de l'expression du voyageur Blanqui) « qu'un terrain semblable aux vagues pétrifiées d'une mer orageuse, » et qui cependant ne demandent qu'à être légèrement remuées pour reproduire la plus riche végétation; qui, de plus, par leur position géographique et l'avenir probable de la colonie, devraient devenir le centre de la puissance française en Afrique; et c'est le pays qui entoure Philippeville depuis

Bone jusqu'à Bougie, depuis Stora jusqu'à Constantine. Il se trouve encore des pays adjacents aux points destinés à devenir des positions militaires, autant pour couvrir la Mitidja que pour servir de lien entre Constantine et Alger, entre Alger et Oran; pays qui sauraient développer leur culture sous la protection des forces militaires, et qui réciproquement serviraient de points d'appui et de ravitaillement aux troupes protectrices. C'est à ces parties de la Barbarie que je destine les véritables colonies européennes, suivant le but politique et commercial de la France, et la culture du tabac, comme base de leurs succès, et à l'abri de laquelle toutes les autres cultures pourraient se développer à l'avenir.

Et pour protéger la culture de cette denrée, pour lui faciliter l'extension nécessaire, pour en faire, en un mot, le noyau de la prospérité future de la colonie, la condition indispensable que je propose serait le monopole du tabac en France cédé à une compagnie qui aurait engagé ses fonds pour la colonisation mentionnée.

Deux objections se présentent naturellement à l'exécution de ce projet : le tort qu'il occasionnerait aux départements qui jouissaient exclusivement de cette culture jusqu'aujourd'hui, et la prolongation du système de monopole pour un nombre illimité d'années.

Pour répondre à la première, je ne ferai que présenter le tableau ci-dessous; à l'autre, je tâcherai d'opposer un raisonnement simple, mais dont la conclusion, diamétralement opposée aux idées généralement reçues, ne manquera pas de soulever une vive opposition, excitée plutôt par les aveugles passions du jour, que par l'appréciation sincère du sujet.

La culture du tabac en France est autorisée dans les six

départements suivants, savoir : Bas-Rhin, Nord, Pas-de-Calais, Ille-et-Vilaine, Lot, Lot-et-Garonne. Nous avons vu dernièrement quelques-uns d'entre eux fortement agités par la crainte de manquer de céréales; et maintenant encore le prix du blé s'y soutient à un prix trop élevé et menace toujours les classes indigentes, ainsi que les ouvriers des villes populeuses de ces départements. La culture du tabac n'entre-t-elle donc pour rien dans cette pénurie du produit le plus indispensable?

Certes, on ne ferait que rendre un service signalé aux besoins les plus urgents, en rétrécissant graduellement la culture d'une denrée sinon inutile, au moins peu profitable, pour faire place à celle que l'on avait négligée à tort, et dont l'abandon peut amener des désastres.

D'ailleurs, si la culture du tabac paraît insuffisante au point de ne pas préserver de la famine, l'industrie française ne saura-t-elle pas faire un meilleur usage du terrain, en le destinant à des produits plus lucratifs? On n'aurait qu'à s'y prendre de manière à ne pas heurter les habitudes locales. Restreignant chaque année la quantité de tabac à livrer, l'autorité amènerait bientôt les habitants à changer d'industrie à l'avantage de tous. Et si, d'un côté, les départements qui maintenant cultivent le tabac, par habitude plutôt que pour en obtenir des bénéfices réels; si ces départements, disons-nous, gagnaient, au contraire, en y substituant une industrie nouvelle; d'un autre côté, la France en général y gagnerait bien davantage, trouvant en Alger une carrière ouverte aux individus de toutes les professions, en facilitant l'emploi de fonds pour lesquels, dans la mère-patrie, on a presque épuisé toutes les grandes ressources, et montrant un nouveau débouché à l'industrie française. Car si l'on abandonnait 4,000 hectares, c'est-à-dire la moitié de 8 à 9,000, cultivés en France en tabac, pour la culture de cette denrée en Algérie, ces 4,000 hectares, répartis entre les colons européens, ne devant figurer que dans le quart de leurs possessions (la permission générale de la culture du tabac ne devrait jamais s'étendre au delà de cette proportion, les trois quarts restants seraient destinés à d'autres cultures), feraient cultiver alors plus de 16,000 hectares, couvrant de villages forts et réguliers, et de riches plantations, plus de 30 à 40 milles carrés.

Sur ces 4,000 hectares destinés au tabac, en supposant 1,000 abandonnés à de grands propriétaires, les 3,000 restants seraient encore cultivés par trois mille familles malheureuses dont ils feraient bientôt des propriétaires d'une fortune aisée; car la culture seule du tabac, si facile et si peu dispendieuse à Alger, dépasserait toujours la somme nécessaire pour l'amortissement des avances que le Gouvernement ou des sociétés particulières se verraient forcés de faire aux colons indigents, pour leur transport, achat des terres, bâtisse des maisons, premiers et indispensables besoins de leur installation et de la mise en œuvre.

Le transport, l'établissement de ces trois mille familles entraîneraient l'emploi de vingt à vingt-cinq mille ouvriers, travailleurs, industriels de toute profession, dont les grandes villes de France regorgent, sans pouvoir leur donner une occupation nécessaire et présenter un champ assez vaste à leur ambition légitime.

Une pareille colonisation mettrait en mouvement des centaines de millions, et leur offrirait des bénéfices réels et immanquables. Et pensez encore que cette colonisation peut être exécutée sur une échelle double de celle que je viens de présenter; car la France, qui consomme plus de 16 millions de kilogr. de tabac, consomme, sur cette quantité, une grande partie, plus de 6 millions de kilogr. de tabac étranger. La qualité éminente, universellement reconnue comme telle, du tabac d'Alger, peut permettre de se passer de l'importation étrangère, ou d'en diminuer au moins de moitié la consommation. Une colonisation de six mille familles, devenues, dans peu de temps, sinon riches, au moins possédant une fortune aisée, faisant vivre de cent cinquante à deux cent mille individus, habitués chacun au bien-être, fruit de la civilisation européenne; réclamant à cette partie du globe à fournir aux besoins que l'Algérie ne saurait satisfaire, ouvrirait indubitablement un débouché immense aux produits de l'industrie française, alimenterait son commerce, et ferait prospérer sa marine. Cette colonisation augmenterait encore de beaucoup les revenus de l'État, rien que par le mouvement commercial auquel elle aurait donné une nouvelle impulsion, sans compter les revenus provenant d'impositions sur la culture du pays; revenus qui dépasseraient certainement, dans un petit nombre d'années, les frais de l'occupation militaire et de l'administration de cette province.

Mais tous ces beaux résultats ne sauraient être acquis que par la prolongation indéfinie du système de monopole réprouvé universellement.

Rien n'est plus juste, je l'avoue, que l'opinion désavantageuse qui le flétrit depuis si longtemps; car le monopole, tel qu'il est connu et compris aujourd'hui, fait disparaître les chances et la concurrence, qui font prospérer le commerce et perfectionner l'industrie. Le monopole, entre les mains du Gouvernement, ôte aux capitaux les bénéfices que la reproduction et le débit de cet article pourraient lui donner; enfin il pèse sur toutes les classes de la société et se change en exaction.

Mais si la chance et la concurrence font prospérer le commerce et perfectionner l'industrie, elles tuent l'agriculture, qui ne peut prospérer qu'autant qu'elle a de sécurité pour la consommation de ses récoltes, et le monopole la lui assure.

Mais si le monopole, qui se trouve entre les mains du Gouvernement, ôte aux capitaux les bénéfices présumés sur l'article monopolisé, il les assure dans les mêmes proportions, s'il se trouve entre les mains d'une société particulière, et que l'objet monopolisé est un produit agricole; il profite en outre au grand et au petit commerce : car, premièrement, il leur fait partager avec l'État des bénéfices certains, et puis il force les capitaux à se déverser sur la culture de ce produit; et alors, en vivifiant l'agriculture, donne, par la sécurité même et la nécessité absolue et réciproque du lien formé entre les propriétés territoriales et les capitaux, des bénéfices énormes à ces derniers.

Enfin, si le monopole entre les mains du Gouvernement se change en exaction, dans celles d'une société particulière, il ne devient qu'un droit, qu'une mesure, entretenant une balance bienfaisante pour l'agriculture, entre la consommation et la reproduction de l'article monopolisé, et cela par la raison que la société, munie du droit de monopole, reste toujours sous la surveillance du Gouvernement et de la représentation nationale, enfin sous l'investigation de l'opinion publique, qui est souvent sans force pour les actes du Gouvernement, mais formidable pour les particuliers.

Nous dirons en passant que le monopole envisagé sous ce rapport serait peut-être aussi le seul et unique moyen pour résoudre la question du sucre.

Aussi j'insisterai sur l'utilité et la justice de la prolongation du monopole du tabac en France, sous les conditions tracées par ce raisonnement, et je proposerai :

1°. La formation d'une compagnie de la colonisation en Afrique, d'un capital de 80 à 100 millions;

2°. La concession du monopole du tabac à cette compagnie, tel que le Gouvernement la possède à présent, sans nuire aux revenus de l'État, et sous des formes servant de garantie aux intérêts respectifs de l'État et de la compagnie.

La mise en œuvre de ces deux projets, la fixation de formes, de base, de bornes de leur action et de leur influence dans les deux pays, demandent la plus scrupuleuse attention, la plus grande connaissance de chacune de ces deux administrations, liées, dans ce cas, indissolublement entre elles, et formant un seul ensemble.

Aussi je n'entreprendrai pas de les poser aujourd'hui, vu le cadre de cet ouvrage, dans lequel je me suis imposé de ne tracer que le point de vue général de ce système, et je n'ajouterai ici qu'une seule considération touchant l'établissement des colonies européennes, pour réfuter l'opinion d'un homme jouissant d'une haute réputation scientifique et littéraire : celle de M. Blanqui.

Il soutient que le seul moyen d'établir des colonies européennes, c'est *l'expulsion des indigènes la plume à la main*.

Savez-vous, Messieurs, ce que veut dire ce système? c'est de laisser agir les agioteurs et les traficants par des moyens qu'ils ont déjà mis en œuvre à Alger, Bone et Oran, pour déposséder les indigènes de la propriété territoriale, par leur habileté d'un côté et l'ignorance des subterfuges légaux de la part des indigènes; au moyen des achats à rente perpétuelle, qui répond tellement à l'insouciance et l'indolence des habitants du pays; au peu de moyens de l'Européen qui sait que l'annulation ou l'amortissement de ces rentes ne manquera pas d'arriver bientôt comme mesure politique, juste et indispensable dans ce pays.

Ce système tend à réduire les indigènes à l'état de prolétaires, ou plutôt à celui de bêtes fauves, qui seraient forcés de mendier à l'Européen le travail, ou de mourir dans les montagnes qu'il leur aurait laissées pour repaire, et établir par cette raison une guerre et un brigandage perpétuels motivés par la misère et le désespoir. Non, l'opinion publique, qui a déjà flétri le système qui avait présidé à l'établissement des Français dans les environs d'Alger, doit condamner aussi celui de l'expulsion des indigènes la plume à la main, dont il n'est qu'une évidente continuation. M. Blanqui, tout en blâmant le système de l'extension des Européens en Alger, a donné dans les piéges que les intéressés lui avaient tendus; car, dans le peu de temps qu'il avait examiné le pays dont il a saisi et décrit dans son rapport la physionomie extérieure avec tant d'esprit et des couleurs vraiment locales, il n'a regardé au fond qu'avec les yeux des intéressés, qui ont eu soin de lui montrer les affaires et les besoins du pays dans ce qui n'était vraiment que le but de leurs spéculations particulières.

Non, Messieurs, ce n'est pas la plume à la main, c'est avec une volonté ferme, explicite, et même une force ouverte, que le Gouvernement doit procéder dans l'établissement des colonies européennes.

La France n'a pour elle que la force, dans ce pays; la nation qui le couvre n'a d'estime ni de considération, ne connaît d'autre loi ni d'autre instinct que la force; — c'est donc la force que la France doit y employer.

Savez-vous pourquoi la population de Constantine vous

respecte? C'est qu'elle a vu vos soldats monter à l'assaut du pas ferme que donnent la force et le courage; c'est qu'elle a vu établir les autorités, et procéder avec vigueur dans tous ses actes, la volonté inébranlable d'un homme qui est créé pour ce pays (maréchal Valée), et les Arabes ont dit : « Cette nation est forte, il faut la respecter. »

Savez-vous pourquoi les habitants maures de la ville d'Alger vous haïssent et vous méprisent? C'est parce que, vous pouvez m'en croire, et je le tiens de leur propre bouche, parce qu'ils croient que vous avez pris Alger non par la force, mais grâce à la trahison du dey; parce qu'ils ont vu les autorités qui se sont rapidement succédé l'une à l'autre, procéder avec mollesse et tâtonnement, avec crainte ou une cruauté inutile; parce qu'ils ont vu les Européens trafiquer avec une si ignoble avidité et des moyens si honteux, si bas, si injustes et si pervers, que leur récit même vous paraîtrait fabuleux, et ils se sont dit : « Ce sont des hommes faibles et lâches; haïssons et méprisons-les! »

Avec le mépris et la haine pour le suzerain, avec le sentiment de sa propre force, on ne peut pas être longtemps vassal. Aussi vos plaines ensanglantées depuis longtemps font foi de cette assertion. Procédez avec une force et une volonté inébranlables, mais justes, le mépris et la haine disparaîtront devant la crainte et le respect. Vous avez besoin de terres pour établir vos colonies européennes; ne vous adressez jamais aux agioteurs et aux traficants; mais dites : J'ai besoin de ce morceau de terre; j'en exproprie le possesseur et je le prends; comme je le fais pour l'alignement d'une rue, ou la bâtisse d'un édifice public; et vous aurez alors des terres à un prix juste et raisonnable, et vous exterminerez l'agiotage des terres, qui est la lèpre de ce pays. Mais laissez, laissez l'Arabe propriétaire du sol dans tout le reste du pays ; n'en faites pas une bête fauve plus dangereuse qu'une hyène ou qu'un nègre marron. Ne permettez pas l'expulsion des indigènes la plume à la main ; car la plume employée à cet usage, à la seconde page, au second mot, au lieu de l'encre, trempe dans le sang, traîne une mare après elle qui ensanglante toute la feuille, qui reste là comme un monument indestructible de l'injustice de la nation qui l'emploie, et qui appellera sur elle la réprobation des siècles à venir.

Voilà ce que je pense quant à la colonisation indigène ou européenne, et je répète qu'elles ne peuvent se passer l'une de l'autre : il faut qu'elles marchent de front. Car la colonisation indigène, si elle était seule, deviendrait un jour nuisible à la domination française et la ferait disparaître de ce pays ; comme aussi la colonisation européenne, si elle était seule, ne serait en définitive qu'une expulsion des indigènes ; tandis que toutes les deux elles seront garanties de la domination et de l'influence françaises ; d'autant plus que les deux races seront distinctes et éloignées entre elles ; et que, dans le cas de leur fusion, les idées et les mœurs françaises auront trop de chances pour elles, pour que cette fusion puisse faire craindre des influences hostiles, aidée qu'elle sera par les liens des intérêts communs et bien entendus des deux pays. Je vous le répète encore, hâtez-vous de coloniser Alger, si vous devez le faire un jour ; car la chute d'Abd-el-Kader sera le seul et unique moment propice à l'exécution de ce grand projet.

Et si vous me demandez quel sentiment m'a poussé à l'émission de ces idées, moi, étranger, n'ayant aucun intérêt personnel, aucune propriété, aucun ami, peut-être aucune connaissance un peu intime dans ce pays ; moi, qui n'ai suivi dans cet ouvrage aucune ligne marquée par les intérêts de telle ou telle partie, et dans lequel je les ai presque tous froissés; je répondrai que je n'ai suivi que la ligne des véritables et justes intérêts de l'Algérie et de la France, sans prendre garde à aucune considération personnelle; et quant à l'intérêt qui m'a poussé à publier ces idées, je dirai que je n'en ai aucun de personnel, mais que, jeté dans ce pays par la force des circonstances, ou plutôt par la volonté du gouvernement français, j'ai commencé à l'aimer du moment que j'ai touché ce sol et que j'ai respiré ce climat délicieux. Je vous dirai que mon imagination a peuplé ces beaux revers de l'Atlas, que tant de fois je regardai avec admiration, de beaux villages tout blancs, tout resplendissants sous les vifs rayons du soleil africain; j'ai vu l'immense plaine de la Mitidja se couvrir de verdure, et, à l'ombre du mûrier et de l'olivier, paître des troupeaux immenses de bétail; j'ai vu tout le charmant massif, plus beau qu'aucune des parties de l'Italie, tout coupé de vallons délicieux parsemés de ces habitations moresques d'une si simple, mais si belle et si poétique structure, se couvrir de beaux palais italiens et de jardins magnifiques appartenant à de riches négociants de la ville d'Alger, toute grande comme elle doit l'être un jour, regorgeant de richesses et de luxe. J'ai vu la rade se couvrir depuis Matiphou, d'une innombrable quantité de bâtiments important les produits de l'industrie française, et chargeant dans le port ceux du sol de l'Algérie et du commerce de l'intérieur de l'Afrique, dont je ne finirais pas l'énumération. Et vous étonnerez-vous qu'une fois que l'imagination a crée toutes ces images, que la raison froide et recueillie a démontré sur les lieux-mêmes la possibilité de l'exécution d'une partie de ces beaux rêves; vous étonnerez-vous alors qu'on ne les abandonne pas facilement? qu'on les conserve, au contraire, comme le plus beau souvenir de la vie, et comme les plus justes élaborations de l'esprit? Je les aurais peut-être gardés pour moi, en laissant à qui de droit traiter et résoudre cette question; mais quand j'ai vu M. Bresson, l'homme qui avait laissé après lui tant de sympathies en Alger, sur l'influence et les efforts duquel les amis de ce pays avaient basé toutes leurs espérances, passer presque dans le camp ennemi, et devant présenter un projet d'une occupation limitée, équivalente, pire même qu'un abandon total; c'est alors que je me suis décidé : alors, dans ma douleur, dans mon enthousiasme, j'ai écrit ces pages, et j'en appelle à vous tous, véritables patriotes! à vous, classes laborieuses, instruites et prévoyantes du commerce et de l'industrie! à vous, Marseille, Toulon, Lyon! sauvez l'Algérie! profitez, usez du droit qui manque à tant d'autres nations, et que Dieu vous a permis de posséder, du droit de pétition, usez-en! Adressez-vous au Roi, adressez-vous à la Chambre, et vous vaincrez les ennemis de la domination française en Afrique.

Cte VINCESLAS JABLONOWSKI.

PARIS. — IMPRIMERIE PANCKOUCKE,
rue des Poitevins, 14.

www.ingramcontent.com/pod-product-compliance
Lightning Source LLC
LaVergne TN
LVHW020301230826
846091LV00006B/2493

* 9 7 8 2 0 1 1 7 8 2 5 3 3 *